Franziska Riedel

# Grammatiktheorie. Klausurfragen und Antworten

GRIN Verlag

**Bibliografische Information der Deutschen Nationalbibliothek:**

Die Deutsche Bibliothek verzeichnet diese Publikation in der Deutschen National-
bibliografie; detaillierte bibliografische Daten sind im Internet über http://dnb.d-
nb.de/ abrufbar.

**Impressum:**

Copyright © 2013 GRIN Verlag GmbH
Druck und Bindung: Books on Demand GmbH, Norderstedt Germany
ISBN: 978-3-656-71062-2

**Dieses Buch bei GRIN:**

http://www.grin.com/de/e-book/277787/grammatiktheorie-klausurfragen-und-
antworten

**GRIN - Your knowledge has value**

Der GRIN Verlag publiziert seit 1998 wissenschaftliche Arbeiten von Studenten, Hochschullehrern und anderen Akademikern als eBook und gedrucktes Buch. Die Verlagswebsite www.grin.com ist die ideale Plattform zur Veröffentlichung von Hausarbeiten, Abschlussarbeiten, wissenschaftlichen Aufsätzen, Dissertationen und Fachbüchern.

# Klausurfragen Grammatiktheorie

## Kasus:

- Bestimmen Sie die **Kasus**!
- Bestimmen Sie die **Art der Kasusvergabe**!
- Bestimmen Sie, welches **Element im Satz für die jeweilige Vergabe des Kasus verantwortlich** ist!

### Arten der Kasusvergabe und verantwortliche Elemente:

#### 1. Rektionskasus:
a) inhärenter/lexikalischer Kasus: Lernkasus, Verben, die nicht den Akkusativ fordern (Dativ- und Genitivverben, z. B. helfen, vertrauen, gedenken), außerdem alle mit Präpositionen gebildete Kasus

→ wird von Verb, Adjektiv oder Präposition vergeben, Bsp. für Adjektiv: Sie ist des kalten Wassers überdrüssig/ihrer Schwester ähnlich/den Lärm gewohnt.

b) struktureller Kasus: bei Verben, die den Akkusativ fordern, Muster wird gelernt und immer wieder angewendet

→ Nominativ wird immer strukturell vom finiten Verb vergeben, Dativ wird nie strukturell vergeben, Genitiv nur, wenn er von einem Nomen vergeben wird

#### 2. Semantischer Kasus:
- kommt nur bei Anredenominativ, Akkusativ und Genitiv vor
- nicht vom Verb regiert
- Anredenominativ (z. B. liebe Lea), adverbialer Akkusativ (zeitliches oder räumliches Maß, z. B. Sie blieb einen Tag lang.), adverbialer Genitiv (Art, Zeitpunkt oder Standpunkt, z. B. Ich trat festen Schrittes in den Raum, eines Tages werden wir es wissen, meines Erachtens stimmt das nicht)

#### 3. Kongruenzkasus:
- Bezugswort bekommt vom Verb einen Kasus zugewiesen und reicht diesen an seine Begleiter weiter, z. B. Der Hund war sein bester Freund. (Hund bekommt Nominativ strukturell vom finiten Verb und gibt diesen an das Prädikativ weiter)

- Bestimmen Sie die **Kasusfunktionen** (Theta-Rollen)!

- Theta-Raster = Was wird mit dem Verb verbunden?
- Thetarollen: Agens → (intentional) Handelnder
  Stimulus → Auslöser eines Vorgangs/einer Empfindung (z. B. Der Blitz schlägt ein.)
  Patiens → der Handlung Unterworfener, belebt
  Thema → einer Veränderung/Bewegung Unterworfenes, unbelebt
  Experiencer → psychischen Zustand Erfahrender (z. B. ich höre, sehe usw.)

Benefizient → der, dem die Handlung zugutekommt (alle Verben der sozialen Interaktion, helfen, sagen, schenken, aber auch negativ besetzte Verben, z. B. belügen)

Possessor → Besitzer, Besitzergreifender oder jemand, dem etwas fehlt

→ meist gemeinsame Vergabe von Kasus und Thetarolle, aber nicht immer → AcI, Perfekt (Hilfsverb vergibt Kasus, aber Vollverb Thetarollen)

**AcI:** Akkusativ mit Infinitiv, anstelle des Objekts nach Verben der Wahrnehmung
→ z. B. Ich sehe dich zur Tür hereinkommen. (sehen vergibt Kasus an ich und dich, aber kann nur eine Thetarolle vergeben und zwar an „ich" (Experiencer), Thetarolle von „dich" (Patiens) wird deshalb vom Infinitiv vergeben

## Typologie:

- Klassifizieren Sie das Deutsche aus typologischer Sicht! Gehen Sie dabei auf folgende Parameter ein:
→ **relationale/kasussyntaktische Typologie:**
    - 2 Sprachtypen: Rektion (Nominativ-/Ergativsprachen) und Kongruenz (Aktivsprachen)
    → Nominativsprache (z. B. Deutsch): Agens transitiver Verben mit Subjekt intransitiver gleichgesetzt, beide Nominativ als Kasus, Patiens bekommt anderen Kasus (Akkusativ)
    → Ergativsprache (z. B. Baskisch): morphologisch sichtbare Unterscheidung zwischen Agens transitiver Verben und Subjekt intransitiver, Subjekt eines intransitiven Verbs und Patiens eines transitiven selber Fall (Absolutiv), Agens transitiver Verben steht in einem anderen Fall (Ergativ)
    → Aktivsprache: 2 Substantivklassen (aktiv oder belebt und stativ oder unbelebt), aktive und stative Verben, Agens (Aktiv) an Verbergänzung gekennzeichnet, Patiens (Inaktiv) durch andere morphologische Kategorie gekennzeichnet
→ **Wortstellungstypologie:**
    - prototypische Aufeinanderfolge von Subjekt, Verb und Objekt als Hauptelemente eines Satzes (faktische Reihenfolge kann variieren)
    - 6 theoretische Möglichkeiten: SOV, SVO, VSO, VOS, OVS, OSV
    - VO = kopf-initial, OV = kopf-final (Verb = Kopf, weil es Kasus des Objekts bestimmt), VO meist Präpositionen, OV meist Postpositionen
    - Wortfolge innerhalb der Nominalphrase (Adj. N vs. N Adj., Gen. N vs. N Gen., Relativsatz N vs. N Relativsatz, Post- vs. Präpositionen)
    - Stellung von Hilfs- und Vollverb
    → Deutsch = Mischtyp: Hauptsatz SVO, Nebensatz SOV, insgesamt SOV auf dem Weg zu SVO
→ **morphologische Typologie:**
    - Möglichkeiten, wie einzelne Elemente im Satz verbunden werden
    - flektierend/fusionierend: Grenze zwischen grammatischen Morphemen schwer zu bestimmen, mehrdeutige Formen, z. B. Frauen = Nominativ, Dativ oder Akkusativ Pl.
    - agglutinierend: Morphemgrenzen leicht zu erkennen, eindeutige Formen (z. B. Atztekisch)
    - isolierend: Wörter haben immer nur ein Morphem, verändern sich nicht (z. B. Chinesisch)
    - polysynthetisch: extremer Affixgebrauch (Kasus, Tempus, mehrere Stämme durch Affixe zu einem Wort verschmolzen, z. B. Southern Tiwa, indigene Sprache Nordamerikas)
    - introflexiv: Flexion nicht durch Affixe, sondern Wortstammveränderungen (z. B. Hebräisch)

- Nennen Sie 5 der Greenbergschen Universalien, die auf das Deutsche zutreffen!

    1. In Aussagesätzen mit nominalem Subjekt und Objekt geht das Subjekt dem Objekt voraus.

    19. Wenn die allgemeine Regel lautet, dass das deskriptive Adjektiv dem Nomen vorausgeht, gibt es keine Ausnahmen von dieser Regel.

    25. Wenn das pronominale Objekt dem Verb folgt, tut dies auch das nominale Objekt.

    26. Wenn eine Sprache getrennt stehende Affixe hat, hat es immer entweder Präfixe, Suffixe oder beide.

    43. Wenn eine Sprache Genus-Kategorien im Nomen hat, so hat sie sie auch im Pronomen.

- Erläutern Sie den **Grammatikalisierungszyklus** anhand der Frage des **analytischen und synthetischen Sprachbaus**!

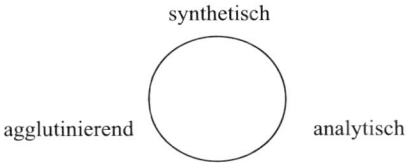

→ synthetisch: grammatische Funktion eines Wortes wird durch Flexion kenntlich gemacht, z. B. Präteritum

→ analytisch: grammatische Funktion wird durch unabhängige Einzelwörter kenntlich gemacht, z. B. Perfekt

→ Deutsch entwickelt sich immer mehr zum analytischen Sprachbau hin, Bsp.: im Deutschen vermehrt zu beobachtende Verwendung von Perfekt statt Präteritum

- Erläutern Sie den Zusammenhang von **Artikel- und Aspektsprachen**!

    - in slawischen Sprachen durch Aspektmorphologie am Verb und Kasus Funktionen, die im Deutschen von Artikeln übernommen werden → z. B. Definitheit einer Sache (z. B. Unterschied zwischen „Er hat Holz gespalten" und „Er hat das Holz gespalten" allein durch Morphologie) → Artikel und Verbalaspekt = nominale und verbale Ausprägung derselben grammatikalischen Funktion

## Satzgliedlehre:

- Tests für die Feststellung von Satzgliedwertigkeit
- Tests für die Unterscheidung Ergänzung/Angaben bzw. Bestimmen Sie, ob eine obl. Erg., eine fak. Erg. oder eine Angabe vorliegt!

    → Angabe (Adjunkt) = weglassbar

    → Ergänzung (Argument) = im Valenzrahmen des Verbs angelegt, Unterscheidung in obligatorisch und fakultativ → fakultativ immer, wenn man „und zwar" einsetzen kann, z. B. Ich esse und zwar den Kuchen.

    → Unterscheidung von fakultativer Ergänzung und Angabe: Umwandlung des fraglichen Gliedes in einen Adverbialsatz (Geschehenstest), z. B. Er aß einen Apfel auf dem Hof. (Er aß einen Apfel und das geschah, als er auf dem Hof war.), Er wartete auf seinen Freund. (Er wartete und das geschah auf dem Freund. → geht nicht, deshalb fakultative Ergänzung oder Ersetzungstest: Er aß dort. und Er wartete auf ihn.

- Definieren Sie Valenz! Was versteht man unter quantitativer resp. qualitativer Valenz? Was versteht man unter unterwertiger Verwendung und wie funktioniert sie?
    - Valenz = Eigenschaft eines Verbs, semantische Leerstellen zu eröffnen und deren Besetzung zu regeln
    - quantitativ: Anzahl der Leerstellen
    - qualitativ: Art der Ergänzung/Angabe
    - unterwertiger Gebrauch: nicht alle Leerstellen werden besetzt, trotzdem Semantik durch Kontext klar, z. B. Ich spritze. (je nach Kontext Heroin oder Insulin)

- Erläutern Sie Ihnen bekannte Bsp. zur Valenzveränderung!
    - Passivbildung führt zu Reduktion, z. B. Ich schreibe den Brief. – Der Brief wird geschrieben.
    - Valenzerweiterung im Laufe der Sprachentwicklung, z. B. früher: Der Mann widmet der Frau. (die Morgengabe → steckt automatisch in der Semantik des Verbs), heute erweitert auf alles Mögliche, deshalb zusätzliche Ergänzung nötig.


## Satzmodelle:
- Wenden Sie das **Feldermodell** (Chomsky) auf folgende Sätze an!

| Vorfeld | linke Satzklammer (finites Verb im HS, Konjunktion im NS) | Mittelfeld | rechte Satzklammer (2. Verbteil, wenn im HS vorhanden, finites Verb im NS) | Nachfeld |
|---|---|---|---|---|

    z. B. Gestern rief Peter seine Oma an.
    → Gestern = Vorfeld
    → rief = linke Satzklammer
    → Peter seine Oma = Mittelfeld
    → an = rechte Satzklammer


- Zeichnen Sie das **GTG-Schema** (GTG = Generative Transformationsgrammatik) folgender Phrasen!
- Nennen Sie die wichtigsten Grundannahmen, auf welchen das Modell von Chomsky beruht!
    - Sätze sind keine lineare Anordnung einzelner Elemente, sondern komplexe Gebilde, in denen die Elemente über- oder untergeordnet und verzweigt sind
    - Segmentierung von Phrasen und Sätzen, Herstellung eines Zusammenhangs zwischen den segmentierten Elementen, gleichartige Elemente werden in Klassen eingeordnet (z. B. NP)
    - Verzweigung kann in einem Baumdiagramm dargestellt werden
    → z. B.    **die**    **kleine schwarze**    **Katze**

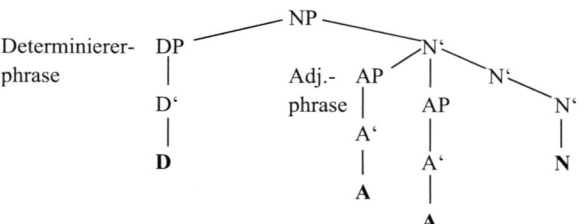

Determinierer-
phrase

Adj.-
phrase

Buchstabe mit ' = Projektionsstufe zwischen Lexem und Phrase

- Zeichnen Sie das **Dependenzschema** folgender Sätze!
- Nennen Sie die wichtigsten Grundannahmen, auf welchen das Modell von **Tesnière** beruht!
- Versuch, innere Struktur eines Satzes durch Abhängigkeiten der Satzglieder zu beschreiben
- Nucleus/Kern: einzelnes Element eines Satzes, das durch Abhängigkeitsbeziehung mit einem anderen verbunden ist
- Konnexion: nicht sichtbare, aber innerlich vorhandene Beziehung zweier Nuclei
→ Werner schwieg = 3 Elemente: Subjekt, Prädikat und Konnexion dazwischen
- oberster Kern eines Satzes = Verb, da alle anderen Satzglieder in irgendeiner Weise von ihm abhängig sind (abhängige Elemente = Dependentien, Sg. Dependens, 2 Arten: Aktanten (≙ Ergänzungen) und Circonstanten (≙ Angaben))
→ 3 Aktantenarten: 1. Subjekt, 2. Akkusativobjekt, 3. Dativobjekt (immer in dieser Reihenfolge aufschreiben!)
z. B. Peter gibt Michael oft Nachhilfeunterricht.

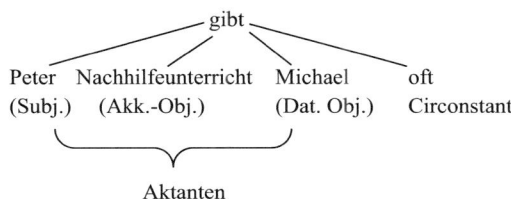

- Problem: Verb als oberster Nucleus → Dependenzgrammatik nicht universal auf alle Sprachen anwendbar, da in vielen Sprachen das Verb weniger „mächtig" ist als im Deutschen, außerdem könnte oberster Nucleus auch das Subjekt sein, da sich Verb in Numerus nach ihm richtet


# Nebensätze:

- Entscheiden Sie, ob in den folgenden Sätzen Konjunktparataxe, Nebensätze oder Nebensatzäquivalente vorkommen und klassifizieren Sie diese (wie im ILIAS-Test)!
- Unterscheidung in Ergänzungs- (Subjekt-, Objekt-, Explikativsatz), Relativ- und Adverbialsatz
- Konjunktparataxe: Nebensatz, der mit „denn" eingeleitet wird
- Nebensatzäquivalent: Infinitiv- oder Partizipalkonstruktion
- Relativsätze: restriktiv (für Verständnis notwendig), appositiv (nicht für Verständnis notwendig, meist bei Namen, da klar ist, um wen es geht), verallgemeinernd (wer/was/wo... auch immer)
- Adverbialsätze:
	- temporal (nachzeitig: bevor; gleichzeitig: als, während; vorzeitig: nachdem)
	- kausal (weil)
	- konsekutiv (Konsequenz, sodass)
	- konditional (wenn, ob auch, wenn auch, wie auch immer)
	- konzessiv (obwohl)
	- final (Ziel, damit)
	- modal (Art und Weise)
	- adversativ (Gegensatz zum Hauptsatz, z. B. Während ich laufen muss, fährt mein Sohn mit dem Auto; aber)
	- komparativ (wie, z. B. Er hat sie so behandelt, wie sie es verdient.)

# Orthografie:

- Nennen Sie die Prinzipien, auf welchen die Orthographie des Deutschen beruht und erläutern Sie diese an einem Beispiel!

1. Das **Lautprinzip**: «Schreibe, wie du sprichst!» (beeinflusst Interpunktion, Getrennt- und Zusammenschreibung (z. B. zusammen arbeiten und zusammenarbeiten), Silbeneinteilung)

2. Das **Stammprinzip**: «Schreibe Gleiches möglichst gleich!» (verwandte Wörter sollten auch ähnlich geschrieben werden, z. B. schaffen, er schafft und nicht er schaft, da Stamm immer mit Doppel-f)

3. Das **grammatische Prinzip**: «Mach den grammatischen Aufbau deines Textes deutlich!» (Gliederung durch Getrennt- und Zusammenschreibung, Interpunktion; Klassifizierung durch Großschreibung von Nomen)

4. Das **semantisch-pragmatische Prinzip**: «Hebe für den Leser wichtige Textstellen hervor!» (Hervorhebung von Eigennamen durch Großschreibung, z. B. das Rote Kreuz, Anführungszeichen zur Markierung direkter Rede usw.)

5. Das **Homonymieprinzip**: «Schreibe Ungleiches ungleich!» (gleich klingende Wörter mit unterschiedlicher Bedeutung sollten auch unterschiedlich geschrieben werden, z. B. Seite und Saite, teilweise aber auch gleichzeitig Homophone und Homographe (Bank zum Sitzen und Bank für Geld), teilweise nur Homophone (Seite und Saite), teilweise nur Homographe (Montage und Montage (Pl. für Montag))

6. Das **ästhetische Prinzip**: «Vermeide verwirrende Schriftbilder!» (nach 3 Punkten am Satzende kein weiterer Punkt, bei Derivationsbildung oft Wegfall von Buchstaben (z. B. Hoheit statt Hohheit, Schlüsselein statt Schlüssellein), keine Doppelkonsonanten nach Kurzvokal, wenn Laut bereits durch mehrere Buchstaben dargestellt ist (z. B. schaffen, aber nicht mischschen))

- Nennen Sie Beispiele, an denen Sie zeigen, dass Orthographieprinzipien in Konflikt zueinander stehen (Bsp. für unterschiedliche Konfliktkonstellationen zwischen den Prinzipien)!

- Lautprinzip steht im Konflikt zum Stammprinzip, da z. B. die phonetisch vorhandene Auslautverhärtung nicht morphologisch umgesetzt wird (z. B. Land und nicht Lant, da flektierte Formen alle mit d) und Stamm im Präteritum abweichend geschrieben werden kann, um Phonetik besser darzustellen (z. B. er schuf und nicht er schuff, weil man bei Letzterem von einem kurz gesprochenen U ausgehen würde)

- grammatisches Prinzip steht im Konflikt zum Lautprinzip, da man z. B. phonetisch nur *das* hört, aber es eine grammatische Unterscheidung zwischen *das* und *dass* gibt

- semantisch-pragmatisches Prinzip steht im Konflikt zum grammatischen, da Adjektive nach grammatischem Prinzip kleingeschrieben werden, aber nach semantisch-pragmatischem Prinzip z. T. großgeschrieben werden (z. B. Rotes Kreuz)

- Nennen Sie Orthographieprinzipien, die durch die Rechtschreibreform gestärkt wurden bzw. geschwächt und begründen Sie Ihre Auswahl! Geben Sie Bsp. an!

- Lautprinzip wurde in Bezug auf Fremdwörter gestärkt, da man jetzt bei Silbenpausen trennen darf und früher nur an semantisch sinnvollen Stellen trennen durfte (z. B. früher nur Chir-urg, heute auch Chirurg)

- ästhetisches Prinzip wurde geschwächt, da man z. B. Schifffahrt heute mit 3 F schreibt, was weniger ästhetisch als mit 2 F wirkt, gleichzeitig aber Stärkung des grammatischen Prinzips, da Schifffahrt ja aus 2 Wörtern besteht und beide sichtbar sind